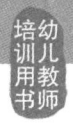 幼儿教师培训用书

幼儿园区域活动设计与指导

主编 宗珣 副主编 毛鸣明

北京师范大学出版集团
BEIJING NORMAL UNIVERSITY PUBLISHING GROUP
安徽大学出版社

图书在版编目(CIP)数据

幼儿园区域活动设计与指导/宗珣主编. —合肥:安徽大学出版社,2017.7(2021.12重印)
幼儿教师培训用书
ISBN 978-7-81110-970-2

Ⅰ.①幼… Ⅱ.①宗… Ⅲ.①幼儿园-教具-教师培训-教材 Ⅳ.①G614

中国版本图书馆CIP数据核字(2013)第100104号

出版发行:	北京师范大学出版集团
	安徽大学出版社
	(安徽省合肥市肥西路3号 邮编230039)
	www.bnupg.com.cn
	www.ahupress.com.cn
印　　刷:	安徽昶颉包装印务有限责任公司
经　　销:	全国新华书店
开　　本:	184mm×260mm
印　　张:	6
字　　数:	84千字
版　　次:	2017年7月第1版
印　　次:	2021年12月第4次印刷
定　　价:	24.00元
ISBN 978-7-81110-970-2	

策划编辑:王先斌	装帧设计:李　军
责任编辑:杨　序	美术编辑:李　军
责任印制:赵明炎	

版权所有　侵权必究

反盗版、侵权举报电话:0551-65106311
外埠邮购电话:0551-65107716
本书如有印装质量问题,请与印制管理部联系调换。
印制管理部电话:0551-65106311

前　言

　　幼儿园区域活动是幼儿园教育教学活动中的重要组成部分。因其具有宽松、快乐的游戏氛围，以及幼儿可以大胆动脑、积极参与等特性，成为一种能够让幼儿按照自己的意愿和能力自主学习的活动。在区域活动的过程中，幼儿的个性潜能能得到开发，个性化需求能得到满足。教师可以在此过程中观察到幼儿流露出的真实天性，有利于教师对其进行个别化、个性化教育。

　　在组织开展幼儿园区域活动时，很多教师常常会遇到很多困惑，如区域应该怎样创设，区域的材料应该怎样投放，符合幼儿年龄特点的教具有哪些，需要用到哪些材料等。我园教师多年来通过探索和学习，总结了一套独一无二的设计理念和教学方法。废旧材料怎样变废为宝，怎样翻新和节约成本，怎样让一种区域材料一物多玩等，教师们都能在较短的时间内根据自己的需要进行班级区域活动创设。若本书的面世能为广大幼教同仁们带来一些启发，提供些许参考和借鉴，则于愿足矣。因本书编写的时间较仓促，难免会有不足之处，还请各位幼教专家、同仁们给予批评指正。

宗　珣

2016 年 4 月

目 录

❖ 标识牌 ❖

区域挂牌欣赏 ······ 3

创意墙饰欣赏 ······ 7

❖ 走进科学 ❖

膨胀的空气娃娃 ······ 11

给小动物喂食物 ······ 12

变色龙 ······ 13

磁铁小火车 ······ 14

小猴爬树 ······ 15

闪闪发亮的猫头鹰 ······ 16

走出迷宫 ······ 17

摇摇乐 ······ 18

看谁跑得快 ······ 19

乒乓乐 ······ 20

天平 ······ 21

钓鱼乐 ······ 22

找影子 ······ 23

串珠树 ·· 24

小花匠 ·· 25

跑跑卡丁车 ·· 26

转转乐 ·· 27

找朋友 ·· 28

打电话 ·· 29

大果果、小果果 ·· 30

蛋宝宝找朋友 ·· 31

热带鱼 ·· 32

苹果树 ·· 33

成双成对 ·· 34

套圈 ·· 35

火辣辣的太阳 ·· 36

比萨 ·· 37

❖ 数概念 ❖

晒衣架 ·· 41

找邻居 ·· 42

赛车俱乐部 ·· 43

台球碰碰碰 ·· 44

数量守恒 ·· 45

蝴蝶找花 ·· 46

彩色的花 ·· 47

划小船 ·· 48

计算魔筒 ·· 49

花儿朵朵开 ·· 50

❖ 模式排序 ❖

糖果穿新衣	53
火车嘟嘟嘟	54
铺小路	55
手拉手	56
种花	57
楼房排队	58
娃娃比高矮	59
坐火车	60
套猫咪咪	61
小蛇转盘	62

❖ 认识几何图形 ❖

开心的鱼	65
小丑的礼服	66
图形记忆	67
拼拼乐	68
彩图拼拼	69
量一量	70

❖ 时间与空间 ❖

我的家在哪里	73
近大远小	74
上下左右	75
在哪里	76
我问你答	77

❖ 综合活动 ❖

糖果屋 81

果蔬店 82

娃娃家 83

津津美食城 84

海贝贝足浴室 85

小医院 86

T型舞台 87

后记 88

标识牌

　　标识牌是区域活动中的重要组成部分。标识牌不仅可以清晰地划分各个区域，还可以方便幼儿识别各个区域的范围大小及其关联性。对于幼儿来说，让他们观察、了解各区域不同的标识牌，不仅能使幼儿根据标识牌来取放物品，还能增强幼儿的自主观察能力。本书所呈现的标识牌，蕴含着节约环保、废物利用的理念。同时，很多标识牌的制作都利用了各种彩色卡纸等材料，从而呈现出鲜明的色彩结构，能给人以强烈的视觉冲击效果。

区域挂牌欣赏

用废旧材料制作的小鱼的家

用废旧材料制作的数学区角牌

用废旧材料制作的窗帘

用废旧材料制作的城市

请保持眼睛与书本的距离

请爱护书本

请不要争抢图书

阅读时请保持安静

取书时请按秩序排好队

用废旧材料制作的标识牌

用废旧材料制作的数学区的区角牌

用废旧材料制作的进区卡

创意墙饰欣赏

用废旧材料制作的金色的秋天主题墙

用废旧材料制作的创意晴雨角

用废旧材料制作的幼儿亲子作品展示墙

走进科学

幼儿天生具有好奇心和探究欲。他们喜欢动手动脑来探索自己感兴趣的事物。我们可以通过有趣的科学现象，激发幼儿的好奇心。幼儿亲自操作，会对科学产生兴趣。

膨胀的空气娃娃

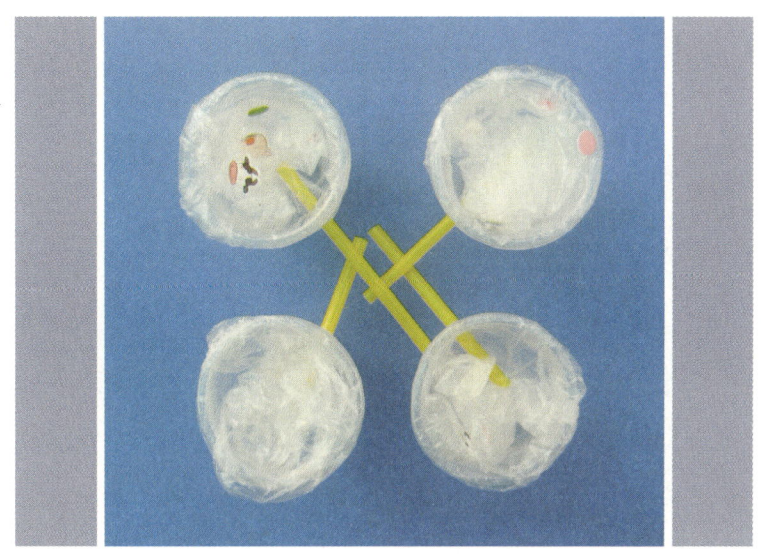

🌱 **设计意图**

通过做实验和玩游戏来感受空气的存在。

🌱 **材料准备**

透明塑料杯、吸管、一次性透明塑料手套、双面胶。

🌱 **制作步骤**

1. 在塑料杯的底部打孔,插上吸管,并用双面胶固定。
2. 将一次性透明塑料手套的指头部分打结并套在纸杯口上,另用双面胶粘住封口。

🌱 **用途与玩法**

让幼儿用嘴巴往吸管里吹气,直至塑料袋膨胀起来。

🌱 **温馨提示**

游戏结束后,塑料杯上的吸管需要及时更换,注意卫生。

给小动物喂食物

设计意图
了解不同动物的生活习性,练习使用筷子。

材料准备
废旧鞋盒、即时贴、各色软泡纸。

制作步骤
1. 将废旧鞋盒用即时贴包裹完整,并在包好的鞋盒上贴上用各色软泡纸制作成的小动物的脸。
2. 将小动物的嘴巴处挖空,并用剩余的软泡纸分别做出小动物们喜欢吃的食物。

用途和玩法
让幼儿找出每个小动物喜欢吃的食物,并用筷子将食物夹起来,喂进小动物的嘴巴里。

温馨提示
选择制作的小动物最好是日常生活中幼儿常见的、熟悉的小动物;筷子的长短应适中,不宜选择特别短且细的筷子。小班幼儿也可用勺子、夹子等用具来喂食。

变色龙

ᛘ 设计意图
通过做实验,发现两种颜色混合变色的规律。

ᛘ 材料准备
透明薄玻璃纸、彩色软泡沫纸、水彩笔、双面胶、剪刀、水彩笔等。

ᛘ 制作步骤
1. 用剪刀在透明薄玻璃纸上剪下6张大小相同的长方形。
2. 用剪刀在彩色软泡沫纸上剪出若干大小相同的长条,用双面胶将它们粘贴在透明薄玻璃纸的四周,用作压边装饰。

ᛘ 用途与玩法
用蓝色水彩笔在一张透明薄玻璃纸上涂上颜色,再用黄色水彩笔在另一张透明薄玻璃纸上涂上颜色。让幼儿将两张有颜色的玻璃纸重叠,对着阳光观察玻璃纸颜色的变化。

ᛘ 温馨提示
透明薄玻璃纸韧性较强,边缘锋利,幼儿做实验时容易被尖角划伤。因此,需要先用软泡沫纸将透明薄玻璃纸的边缘包起来。

磁铁小火车

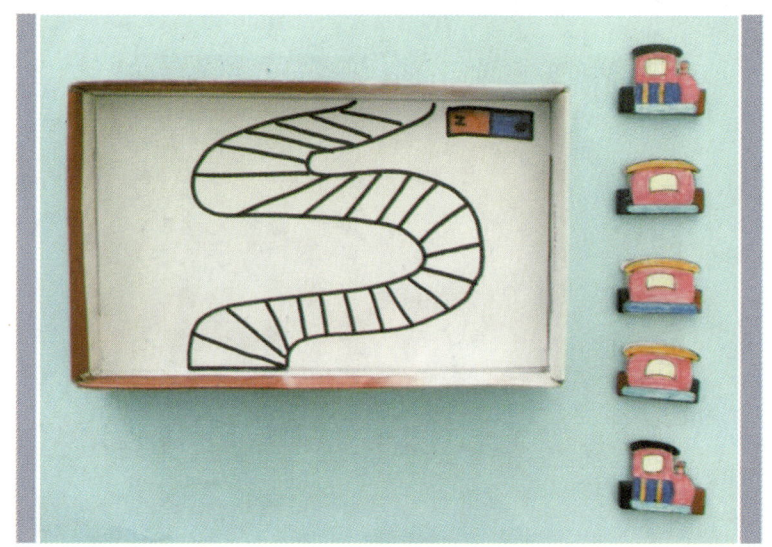

❦ 设计意图
在活动中感受磁铁同极相斥、异极相吸的原理,并能利用这种特性探索小火车的连接方法。

❦ 材料准备
废旧纸盒、记号笔、剪刀、磁铁、白色卡纸、彩笔、双面胶、透明胶带、过塑机、塑封膜等。

❦ 制作步骤
1. 在废旧纸盒里蒙上白色卡纸,用记号笔画出火车运行的轨道。
2. 在另外一张白色纸上画出火车头、小火车(数量根据自己的需要而定),用剪刀剪下图案,并用彩笔给图案上色。
3. 用透明胶带将制作好的火车头、小火车正、反面进行塑封,并将多余的透明胶带剪去。
4. 将磁铁用双面胶粘贴在做好的火车头和小火车底部。

❦ 用途与玩法
运用磁铁探索将火车连起来的方法:磁铁不同的两极相连能让火车开动起来。

❦ 温馨提示
磁铁尽量选用正负极明显的条形磁铁,便于将小火车一节一节连接起来。

小猴爬树

🌱 **设计意图**

　　通过玩游戏让幼儿感知磁铁具有穿透性能的特点。

🌱 **材料准备**

　　彩色卡纸、废旧纸盒盖、马蹄形磁铁、画有小猴的动物卡片、双面胶、胶水、回形针等。

🌱 **制作步骤**

　　1.在彩色卡纸上画出大树,然后将其粘贴在废旧纸盒盖里面。

　　2.将动物卡片上的小猴剪下来贴在大树上,将回形针用双面胶粘在小猴的背面。

　　3.用马蹄形磁铁隔着纸板来吸引回形针。

🌱 **用途与玩法**

　　通过移动,磁铁将小猴牵引至树梢。

🌱 **温馨提示**

　　当幼儿对磁铁有了初步的了解之后,可以提供多样化的材料让幼儿感知磁铁的穿透性能。

闪闪发亮的猫头鹰

◈ 设计意图

　　认识电池的正负极,了解电池在生活中的用途。

◈ 材料准备

　　硬纸板、白色卡纸、双面胶、一号电池、电线、螺纹口小灯泡。

◈ 制作步骤

1. 先将硬纸板折成L形,做成底座。
2. 在白色卡纸上画一只猫头鹰,并用双面胶粘贴在硬纸板的直立面,将猫头鹰的眼睛部位挖空。
3. 将电线的一端缠绕在小灯泡的螺纹底部,将另一端缠绕在另一个小灯泡的螺纹底部,并将它们串联起来,然后安装在猫头鹰镂空的眼部。
4. 将两节一号电池放在纸盒中备用。

◈ 用途与玩法

　　将串联时留下的两根电线,一端连接在电池的正极上,另一端连接在电池的负极上,让猫头鹰的眼睛亮起来。

◈ 温馨提示

1. 灯泡为玻璃制品,易碎。灯泡发光时,电池正负极和灯泡会产生热量,温度较高,告诉幼儿不要触摸,避免烫伤。
2. 告诉幼儿不要撕开电池的绝缘外包装,不要拆卸电池,以免电池发生漏电现象。

走出迷宫

🌿 **设计意图**

通过活动,提高幼儿的思维能力及平衡控制能力。

🌿 **材料准备**

硬纸板、瓦楞纸、颜色笔、油画棒、长方形纸板、剪刀、双面胶、彩色塑料珠子。

🌿 **制作步骤**

1. 用颜色笔在硬纸板上画上各种小动物头像,并用油画棒将其涂上颜色,用剪刀将小动物头像剪下来。将4个长方形纸板拼成1个长方形纸盒,接口处用双面胶固定。
2. 用双面胶将小动物头像固定在纸盒的顶部。
3. 用剪刀将瓦楞纸剪成一小节一小节,用双面胶将剪好的瓦楞纸贴在长方形纸盒里面,拼成迷宫形状。
4. 将彩色塑料珠子放在迷宫入口的一端。

🌿 **用途与玩法**

引导幼儿手拿长方形盒子,按照迷宫轨道的走向晃动盒子,将小珠子移动到迷宫的出口。

🌿 **温馨提示**

在活动结束后,要提醒幼儿将彩色塑料珠子放回盒子里,以免塞入口、鼻。

摇摇乐

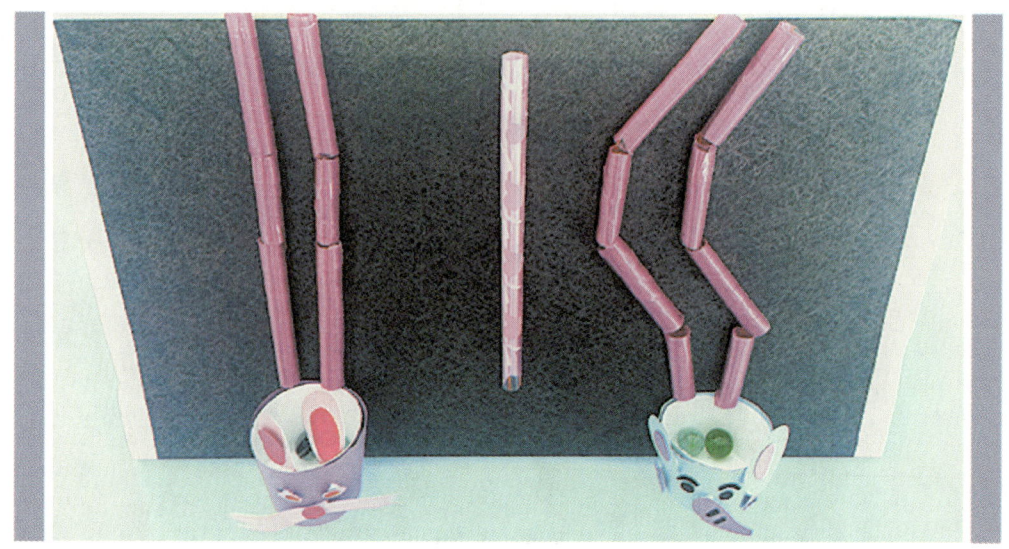

✿ **设计意图**

通过活动,让幼儿知道两点之间什么样的线段最短,物体下落的速度和什么有关。

✿ **材料准备**

黑色塑料板、卡纸、粗吸管、纸杯、小弹珠或小塑料球、彩带、双面胶、油画棒。

✿ **制作步骤**

1. 用黑色塑料板做背景,后面用人字形支架支撑。
2. 把粗吸管剪成小节状,在上面裹上彩带并用双面胶固定,然后在背景上摆出直道和弯道,中间用一根直吸管将两边分隔。
3. 选用稍硬的纸杯,剪掉纸杯的1/2,留下带有杯底的一半,将其裹上颜色漂亮的卡纸,再用卡纸做出小兔子的耳朵和嘴巴、大象的耳朵和嘴巴,粘贴在杯子上面,最后用油画棒在杯子上画出小兔子的眼睛和大象的眼睛。把贴着两个动物的纸杯分别用双面胶粘贴在直道和弯道的背景板上(里面放上小弹珠或者小塑料球)。

✿ **用途与玩法**

将小弹珠或小塑料球分别从直道和弯道里同时滚落,比较它们滚落的速度。

✿ **温馨提示**

教师可以充分利用墙面优势,将材料做大做宽,直接粘贴在墙壁上,以便于幼儿观察比较。

看谁跑得快

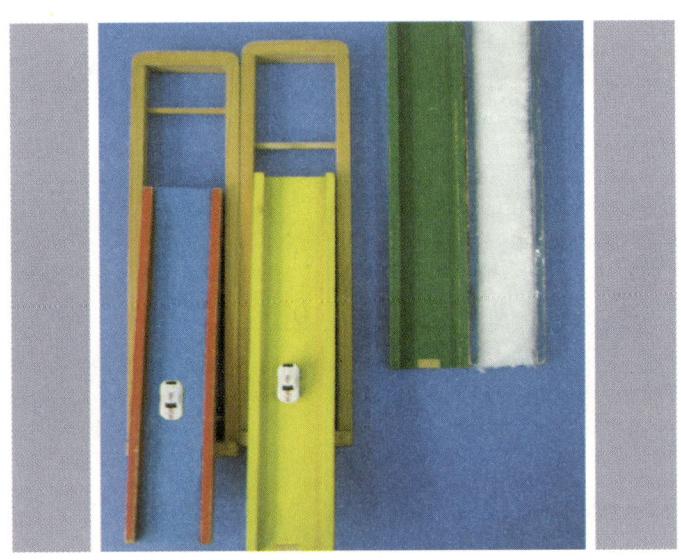

🌱 设计意图

通过观察汽车在不同材质的轨道上下滑的速度,感受摩擦力的存在及其在生活中的运用。

🌱 材料准备

磨砂纸、长竹筒、玩具小汽车、毛绒布、剪刀、颜料、双面胶。

🌱 制作步骤

1. 将一节长竹筒剖开成两半,作为小汽车的轨道,并用颜料将剖开的竹筒的里外都涂上颜色。
2. 用剪刀将磨砂纸和毛绒布剪成与两条汽车轨道一样的长度,其中一条轨道用双面胶粘上磨砂纸,另一条轨道用双面胶粘上毛绒布。

🌱 用途与玩法

将小汽车同时放在两种不同材质的轨道上,设置同一高度的起点,观察小汽车下滑时的速度。

🌱 温馨提示

剖开的竹筒边缘需要用磨砂纸打磨,以避免划伤孩子的手指。

乒乓乐

🍀 **设计意图**

通过活动了解力的传递现象。

🍀 **材料准备**

牙膏盒、乒乓球、双面胶、针线、透明塑料盒、吸管、塑料长条。

🍀 **制作步骤**

1. 将4个牙膏盒分成两组,每组的2个牙膏盒连接、粘贴起来,然后平行并排放好。
2. 将4个透明塑料盒底部粘贴在牙膏盒的两端。
3. 将4根塑料长条竖起固定在牙膏盒的两端,使高度保持在同一水平线上。
4. 取2根吸管,把两组牙膏盒上的塑料长条两两相连,使其组成一个长方体。
5. 在4个乒乓球中间穿孔,用线固定在两组牙膏盒之间,成一条直线。

🍀 **用途与玩法**

通过玩乒乓乐游戏知道能量守恒定律,拎起一端的乒乓球手松开,在另一端的乒乓球会因为这一端产生的力会被弹起。

🍀 **温馨提示**

要在教师的帮助下,给乒乓球穿孔,以免幼儿戳破手指。

天　平

🌀 **设计意图**

　　了解天平的结构与功能,懂得平衡的重要性。

🌀 **材料准备**

　　废旧薯片桶、圆形塑料盒、弹珠、鹅卵石、毛线球、竹筷。

🌀 **制作步骤**

1. 在废旧薯片桶的1/3处打孔,并用一根竹筷插过去,使伸出来的竹筷两端一样长。
2. 在两个圆形塑料盒的两端打孔并用毛线穿过,分别固定在竹筷两端,使两端挂的塑料盒保持在同一水平上。
3. 在已准备的若干个圆形塑料盒内装满各种材料(如弹珠若干、毛线球若干、鹅卵石若干等)。

🌀 **用途与玩法**

　　在天平两端的塑料盒里放置不同的物体,使其保持平衡。

🌀 **温馨提示**

　　须在教师的帮助下操作,以免幼儿吞食弹珠、鹅卵石等。

钓鱼乐

ꙮ 设计意图
提高手眼的协调能力,增强耐心和专注力。

ꙮ 材料准备
废旧纸盒、彩色卡纸、记号笔、油画棒、筷子(或纸棍)、毛线、回形针、水粉、透明胶带。

ꙮ 制作步骤
1. 用水粉将废旧纸盒涂成蓝色,并绘出鱼池背景。
2. 用记号笔在卡纸上画出小鱼轮廓,用油画棒沿轮廓线进行渐变涂色,再把小鱼剪下来,用透明胶带塑封,最后把回形针扣在小鱼身上,并将回形针的一端翘起,便于幼儿用鱼钩钓鱼。
3. 将毛线的一端缠绕回形针勾起的部分,另一端缠绕在纸棍或筷子上,并固定住。

ꙮ 用途与玩法
用鱼竿上的钩子勾住小鱼。

ꙮ 温馨提示
1. 渔竿上的线不应过长,钩子不能过小,以免难度太大使幼儿失去游戏兴趣。
2. 可进行亲子或同伴之间的竞赛游戏,看谁钓的小鱼多。

找 影 子

❧ **设计意图**

体验找影子的乐趣,提高注意力和观察能力。

❧ **材料准备**

废旧图书、黑色卡纸、剪刀、记号笔、过塑机、过塑纸。

❧ **制作步骤**

1. 将废旧图书上的动物形象剪下来。
2. 在黑色卡纸上描出动物形象的轮廓,并用剪刀把它们剪下来。
3. 将动物形象和轮廓卡片过塑,以供反复使用。

❧ **用途与玩法**

根据物体的形态对动物形象和影子进行匹配。

❧ **温馨提示**

教师应根据幼儿操作的熟练程度,更换相似物体的影子图形,并适时调整难度。

串珠树

◊ **设计意图**

通过练习穿珠,掌握5以内相同数量的数字与实物的匹配。

◊ **材料准备**

硬纸板、废旧纸盒、即时贴、高矮不一的纸筒、记号笔、饮料瓶、细铁丝、双面胶、软透明胶带、串珠。

◊ **制作步骤**

1. 在硬纸板上包裹即时贴,用作底板,将高矮不一的纸筒粘贴并固定在底板上,并在纸筒上写上数字1~5。
2. 将饮料瓶剪去瓶身留瓶底,用双面胶将瓶底分别固定在纸筒顶端。
3. 将细铁丝扭成长短不一的造型,其中一端穿入瓶底并固定,另一端用软透明胶带包裹起来。
4. 用一个废旧纸盒摆放各种串珠,并摆放在左边。

◊ **用途与玩法**

幼儿能够按照纸筒上写的数字进行穿珠。

◊ **温馨提示**

铁丝上方的一端一定要用软透明胶带包裹起来,避免游戏时戳伤幼儿手指。

小花匠

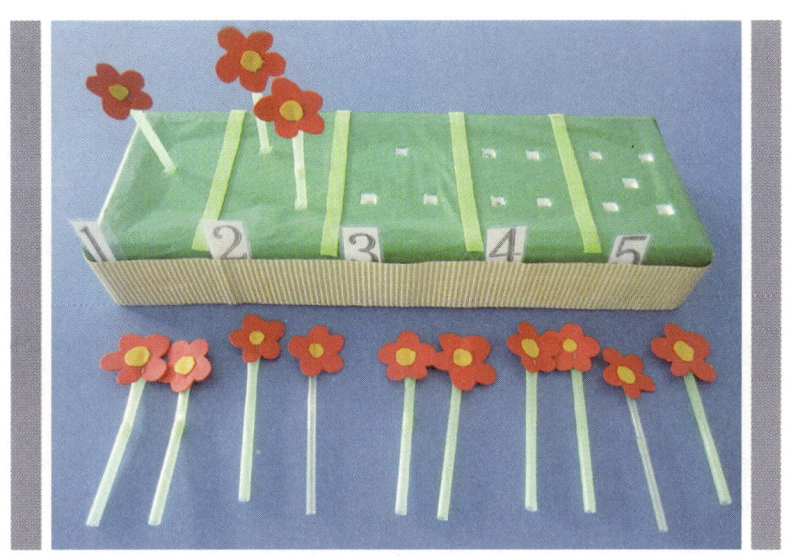

🌱 **设计意图**

　　大胆进行操作,练习相等数量的数和物的匹配。

🌱 **材料准备**

　　泡沫塑料盒、吸管、软泡纸、白色硬纸板、瓦楞纸、剪刀、即时贴。

🌱 **制作步骤**

　　1. 在泡沫塑料盒上包裹即时贴,并在上面挖几个小洞,作为花圃场景。

　　2. 用软泡纸剪出小花贴在吸管上,将吸管插在花圃的小洞里,在白色硬纸板上剪下5张相同大小的卡片,写上数字1、2、3、4、5。

　　3. 在泡沫盒一侧用瓦楞纸包成卡带,供孩子插数卡。

🌱 **用途与玩法**

　　根据数卡的提示,将相应数量的花朵"种"在花圃中。

🌱 **温馨提示**

　　可根据幼儿的知识经验更换数卡上的数字。

跑跑卡丁车

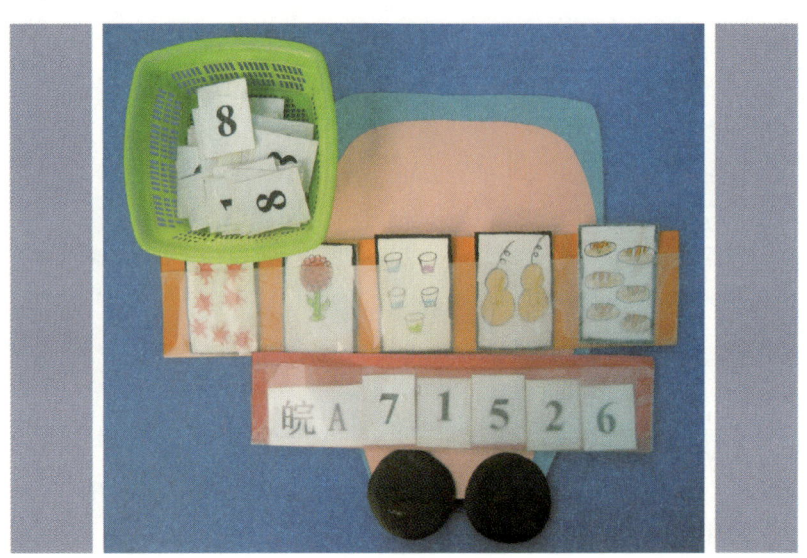

❧ 设计意图
喜欢数学活动,熟练地掌握10以内的数与量的对应关系。

❧ 材料准备
各色卡纸、白色硬纸板、双面胶、过塑纸、过塑机、打印的数字、卡片、油画棒、透明胶带。

❧ 制作步骤
1. 用各色卡纸剪出一个汽车模型。任选一张卡纸将其剪成两根长条,将其过塑后用透明胶带固定,并将其上下粘贴在汽车模型上。
2. 在卡片上写下"1～9"和"皖A"字样,并过塑。
3. 将数字卡片按照"皖A×××××"的顺序排列好并过塑。
4. 在其他卡片上用油画棒画出不同数量物体的图案,如5颗星星、1朵花、3杯水、2个梨等,并进行过塑。
5. 将5张不同数量物体的图案卡片放在汽车上方的长条的卡槽中,并固定。

❧ 用途与玩法
根据不同数量的图案卡片找到相对应的数字卡片,完成车牌编号。

❧ 温馨提示
可以2个人共同参加游戏,玩一玩"看谁找得对、找得快"的游戏。

转 转 乐

❀ 设计意图
能在游戏中完成 10 以内相同数量的点、数、物的匹配对应。

❀ 材料准备
彩色卡纸、圆点贴画、黑色马克笔、透明胶带、铆钉、剪刀、海绵。

❀ 制作步骤
1. 在蓝色卡纸上裁剪一个半径为 30 厘米的圆盘,将裁剪下的圆盘平均分为 10 份。用黑色马克笔标记数字 1～10。将制作好的圆盘正反面用透明胶带塑封。

2. 在绿色卡纸上裁剪一个半径为 20 厘米的圆盘,将裁剪下来的圆盘平均分为 10 份。在每个空格处按 1～10 的顺序贴上无色圆点贴画。将制作好的圆盘正反面用透明胶带塑封。

3. 在粉红色卡纸上裁剪一个半径为 10 厘米的圆盘,将裁剪下来的圆盘平均分为 10 份。每个空格处按 1～10 的顺序贴上黑色圆点贴画。将制作好的圆盘正反面用透明胶带塑封。

4. 将 3 个圆盘的圆心重叠,用铆钉固定。

❀ 用途与玩法
在活动中,将相同的数字和无色圆点、黑色圆点经过旋转对齐。

❀ 温馨提示
用海绵将铆钉尖利的一端包裹起来,避免幼儿在活动时戳伤手指。

找朋友

🍂 **设计意图**

　　通过拼图,进行相同数量的数与实物的配对练习。

🍂 **材料准备**

　　透明果冻盒、透明胶带、卡片、过塑纸、过塑机。

🍂 **制作步骤**

　　将7张卡片按锯齿状剪开,制作成1～7以内不等的实物图片卡和1～7以内的数字卡片,将它们过塑后,分别装在两个果冻盒里。

🍂 **用途与玩法**

　　根据实物图卡上的贴图数量,找出相应的数字卡片并拼插完整。

🍂 **温馨提示**

　　可根据幼儿知识经验的增加,增加难度。

打电话

◊ **设计意图**

　　能按照卡片上的提示进行相应的图案与数量的匹配。

◊ **材料准备**

　　毛根、塑料板、彩色卡纸、硬卡纸(废旧的衬衫盒、包装盒)、方形小卡片、即时贴、记号笔、废旧的广告纸。

◊ **制作步骤**

　　1. 用塑料板制成三面支撑板,并用即时贴包边当作背景。
　　2. 用纯色的卡纸(建议用废旧的广告纸)裁剪出电话模板。
　　3. 动物头饰:选用彩色卡纸制作成有立体感的动物头饰,如上图所示的小熊、狮子等。
　　　(注:每种动物头像各2张,一张贴在电话底板上,一张供操作时使用)。
　　4. 在方形的小卡片上画出数量不等的图案,如5朵花、6只鸭、1只鸡等。
　　5. 用记号笔在裁剪好的硬卡纸上写出阿拉伯数字。

◊ **用途与玩法**

　　教师不停地调换电话模板上的图案,让幼儿找到相应的数字卡片并记录下各个小动物的电话号码,然后进行对应排列。

◊ **温馨提示**

　　可以备用一套点卡,进行数和点对应的游戏。

大果果、小果果

🌿 设计意图
能够按照物体大小的特征进行分类。

🌿 材料准备
彩色卡纸、过塑纸、过塑机、油画棒、记号笔、剪刀。

🌿 制作步骤
1. 在彩色卡纸上画出大小不同的苹果、梨子、香蕉等水果,并用剪刀沿边剪下,再用过塑机过塑。
2. 在另一张彩色卡纸上画出一棵大树和一棵小树,并用剪刀沿边剪下,用过塑机过塑。

🌿 用途与玩法
通过操作,比较水果的大小,并将大点的水果粘在大树上,小点的水果粘在小树上面。

🌿 温馨提示
可在树干或者比较显眼的位置上贴上数量不同的圆点,以增加游戏难度。

蛋宝宝找朋友

✎ **设计意图**

在游戏中学习点、数的对应。

✎ **材料准备**

白色卡纸、剪刀、记号笔、过塑机、过塑纸。

✎ **制作步骤**

1. 在卡纸上画出鸡蛋的形状并用剪刀沿边剪下。
2. 在鸡蛋卡纸的中间部分画出不规则线条并用剪刀剪开。
3. 将鸡蛋卡纸一分两半,用记号笔在卡片上分别写出1~5以内的数字和画上相应点数,并用过塑机过塑。

✎ **用途与玩法**

幼儿能根据数字(点数)的提示,找到另一半碎裂的蛋壳图案,并拼接成完整的鸡蛋。

✎ **温馨提示**

卡片上的数字及相应的点数可根据幼儿的知识经验适时更换。

热带鱼

🌱 **设计意图**

　　通过游戏完成 5 以内相同数量的数和物匹配。

🌱 **材料准备**

　　彩色软泡纸、彩色卡纸、记号笔、剪刀、小刀、胶带、过塑机、过塑纸、数字贴。

🌱 **制作步骤**

　　1. 用彩色卡纸和彩色软泡纸做成小鱼的形状，在小鱼的身体上贴上用彩色卡纸剪成的色带，并在鱼尾巴上贴上数字贴。
　　2. 用小刀在制作好的小鱼身体的色带上划出插口。
　　3. 用彩色卡纸做成若干个圆形的鱼鳞片并用过塑机过塑，放在旁边的空篮子里。

🌱 **用途与玩法**

　　能够按照鱼身上的数字提示在小鱼身体的色带上插上相应数量的鳞片。

🌱 **温馨提示**

　　引导幼儿在小鱼身上划插口的时候，最好在小鱼的身体下面垫上软垫，以免划伤手指或者划破桌面。

苹 果 树

❧ 设计意图
在游戏中学习按数取物,锻炼手眼协调能力。

❧ 材料准备
卡纸、毛根、记号笔、剪刀、打孔机。

❧ 制作步骤
1. 用剪刀将卡纸剪成树的形状,用记号笔分别在小树上写上数字1、2、3、4、5,并用打孔机在小树的边缘打上一圈小孔。
2. 用剪刀将卡纸剪成苹果的形状,并用打孔机在每个苹果的一端打孔,拴上毛根。

❧ 用途与玩法
能够按照树上的数字,将相同数量的苹果拴在树上。

❧ 温馨提示
可以根据幼儿年龄特点更换苹果树上的数字。

成双成对

🌿 **设计意图**

根据日常用品的大小、形状、颜色等特点,找出生活中成双成对的日常用品。

🌿 **材料准备**

有隔断的饼干盒、生活中常见的成双成对的物品图片、过塑机、过塑纸。

🌿 **制作步骤**

1. 将有隔断的饼干盒简单装饰后用作收纳盒。
2. 将成双成对的物品图片用过塑机过塑。

🌿 **用途与玩法**

引导幼儿能够将成双成对的物品图片放在一个小格子里。

🌿 **温馨提示**

手套、袜子等可换成实物进行操作。生活中幼儿可以尝试自己卷袜子和手套,在整理收纳物品的过程中掌握成双成对的概念。

套 圈

设计意图
通过活动,锻炼手眼协调能力,能够按照颜色分类。

材料准备
长方形纸盒子、毛根、吸管、彩色卡纸、双面胶、剪刀。

制作步骤
1. 用双面胶把彩色卡纸贴在长方形盒子上进行装饰。
2. 用剪刀在纸盒子上挖4个孔,插入4种颜色的吸管。
3. 用4种颜色的毛根做成若干大小基本相同的环形。

用途与玩法
通过操作圈与吸管,能够按照颜色进行分类。

温馨提示
在有适合场地的幼儿园,可将此玩具制作得更大,直接在操场上按照颜色的分类玩投掷套圈游戏。

火辣辣的太阳

🌀 **设计意图**

　　能按颜色分类进行夹夹子活动,锻炼手指肌肉群的灵活性与协调性。

🌀 **材料准备**

　　红色卡纸、塑料板、记号笔、油画棒、彩色夹子。

🌀 **制作步骤**

　　用红色卡纸剪一个圆形的太阳模板,用塑料板做支撑,用记号笔在红色卡纸上面画上太阳的五官,并用油画棒涂色。

🌀 **用途与玩法**

　　将夹子按照一定的顺序夹在太阳的周围。

🌀 **温馨提示**

　　夹子可以是不同的造型,但最好准备几种不同颜色、形状的夹子,在锻炼幼儿手指肌肉群时,亦可以进行分类练习。

比 萨

❧ 设计意图
感知物体的整体与部分的关系,体验切分比萨方法的多样性。

❧ 材料准备
圆纸板、彩色软泡纸、泡沫棉、订书机、订书针、针线、塑料小刀。

❧ 制作步骤
1. 先用彩色软泡纸剪出与圆纸板一样大小的两片。
2. 将两片一样的彩色软泡纸重叠,用订书针固定其中一条边,然后往里面填充泡沫棉,最后再用订书机将两端固定。

❧ 用途与玩法
将比萨平均分成 2 份、4 份分给伙伴。

❧ 温馨提示
最好将订书针固定的比萨边缘再用针线固定,以避免订书针划伤幼儿手指。使用塑料小刀时,要告诉幼儿避免划伤手指。

数概念

　　数概念是学习数学的基础,也是幼儿开始积累数学经验首先遇到的问题之一。掌握数概念是一个比较复杂的过程,不仅要会数数,还要理解数的含义,知道数的顺序和大小,理解数的组成和数的守恒,掌握数的读写法,等等。

　　幼儿数概念的形成和发展,是幼儿思维发展的一个重要内容。教学时应根据幼儿的年龄特点,充分利用游戏和活动来引导幼儿认数,使幼儿对认数发生兴趣,接受数概念。

晒衣架

🌱 **设计意图**

　　通过游戏能较熟练地掌握相邻数之间的规律，能较准确地将衣物数字卡片夹晒在相应的位置。

🌱 **材料准备**

　　牙膏盒、竹筷、胶水、毛线、包装纸、硬卡纸、记号笔、塑料架子。

🌱 **制作步骤**

　　1. 将4个同等型号的牙膏盒四周包上包装纸，然后横向并排粘贴，制成底座。
　　2. 将两根竹筷用胶水固定在底座两端，制成一根支撑的架子，将一根毛线缠绕并固定在支架顶端。
　　3. 在硬卡纸上，画出两套T恤、短裤并裁剪下来，然后在衣物卡片上写上数字。
　　4. 在短裤的两只裤腿上各填一组数字，如："1、3"；"2、4"；"3、5"。

🌱 **用途与玩法**

　　先将T恤数字片卡夹晒在衣架上，再根据相邻数规律，将短裤的数字卡片与T恤匹配，然后夹在一起。

🌱 **温馨提示**

　　可以改变数字衣物卡的组合形式，除了进行相邻数之间的练习，也可以进行分合练习。

找 邻 居

❧ **设计意图**

喜欢数学趣味游戏,巩固对数字 2~9 之间相邻数的概念认知。

❧ **材料准备**

废旧纸盒、瓶盖、包装纸、记号笔、即时贴、卡纸、圆柱形喜糖盒或塑料杯。

❧ **制作步骤**

1. 用卡纸剪出和瓶盖大小相同的卡片,用记号笔标下数字 1~9,用即时贴将其贴在瓶盖上。
2. 将废旧纸盒用包装纸进行简单装饰后,放置 9 个小的圆柱形喜糖盒或塑料杯。

❧ **用途与玩法**

找出与数字相邻的两个瓶盖,然后将其放在其中的一个喜糖盒或塑料杯里。

❧ **温馨提示**

可根据幼儿掌握情况调整游戏难度,在喜糖盒中央写上任意一个数字,并找出它的两个"邻居"放在相应的喜糖盒中。

赛车俱乐部

❀ **设计意图**

通过数学游戏,较为熟练地区分单、双数,并感知单数和双数之间的互换关系。

❀ **材料准备**

废旧纸盒、硬纸板、硬卡纸、彩色卡纸、一次性筷子、包装纸、玩具小汽车、记号笔。

❀ **制作步骤**

1. 用包装纸将废旧纸盒进行简单装饰,并用硬纸板从中间拦腰分割,制作成停车场的样式。
2. 用蓝色硬卡纸作底板,用白色硬卡纸制作停车标志"P"。在左边的停车标志"P"上加标 1 个圆点,表示可停放车牌号尾号为单数的车;在右边的停车标志"P"上加标 2 个圆点,表示可停放车牌号尾号为双数的车。用一次性筷子支撑并粘贴在停车场的围栏上。
3. 车牌号的制作:选用彩色卡纸制作汽车的车牌号,如:皖 A77388、皖 A23489 等,将其贴在玩具小汽车上。

❀ **用途与玩法**

通过停车牌上的提示,能较准确地根据车牌号尾数的单、双数停放相应的车辆。

❀ **温馨提示**

可以进行亲子制作,和爸爸妈妈一起进行单、双数的练习。

台球碰碰碰

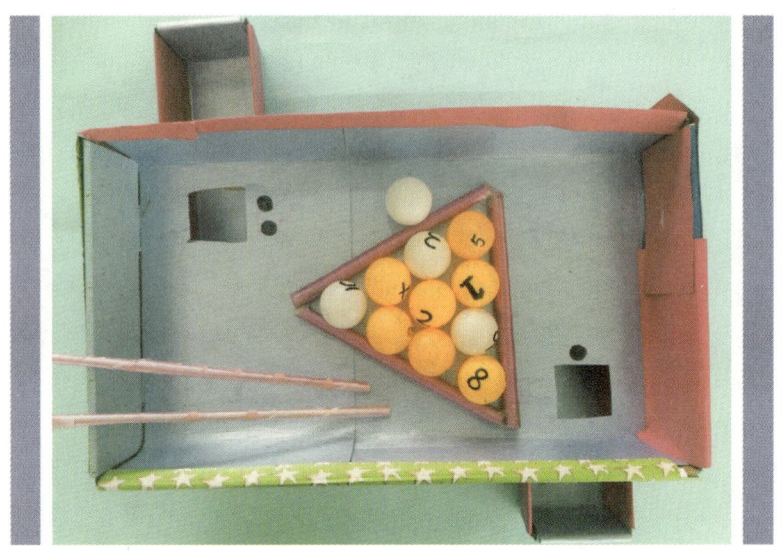

❦ **设计意图**

通过游戏认识10以内的单、双数。

❦ **材料准备**

大长方形纸盒、小长方形纸盒、筷子、彩带、乒乓球、吹塑纸、硬卡纸、记号笔。

❦ **制作步骤**

1. 用吹塑纸对一个大长方形硬纸盒进行装饰,在大长方形纸盒底部剪出两个正方形的镂空球洞(两洞呈对角线),在一个洞旁用记号笔画一个点表示单数,在另一个洞旁画两个点表示双数。
2. 将2个小长方形纸盒粘在球洞底部。
3. 取出1个白色乒乓球、10个黄色乒乓球(在黄球上写上数字1~10)。
4. 把5根筷子缠上彩带,其中3根做成桌球三脚架,另外2根当球杆。

❦ **用途与玩法**

模仿日常生活中桌球玩法,用球棍将单数球击入单数球洞,将双数球击入双数球洞。

❦ **温馨提示**

可进行双人竞赛,看谁击入的球又多又准。

数量守恒

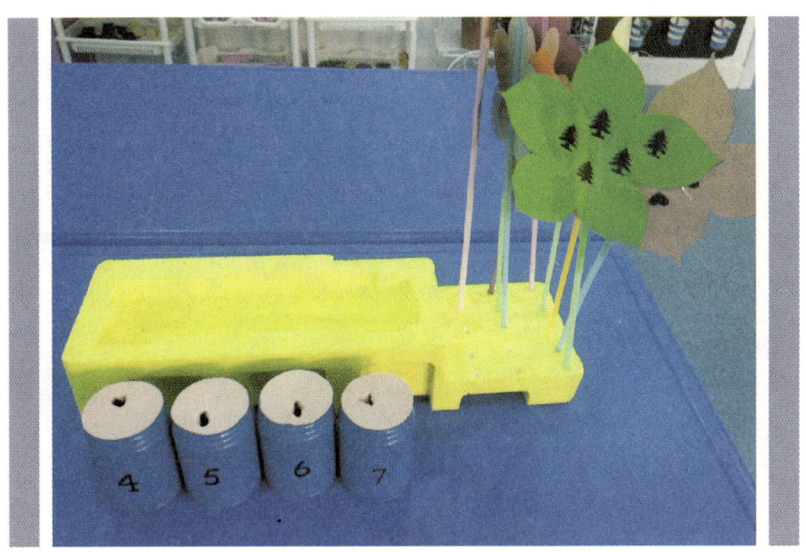

🌀 **设计意图**

能独立思考并进行 7 以内的数字和物品对应操作。

🌀 **材料准备**

废旧的旺仔牛奶瓶、硬卡纸、泡沫纸盒、透明胶带、吸管、颜料、印花机、彩色卡纸。

🌀 **制作步骤**

1. 用颜料将旺仔牛奶瓶四周涂上一层颜色,并在奶瓶上标明数字。用硬卡纸剪出和旺仔牛奶瓶瓶口大小相同的纸片,并将其封口。
2. 用各色卡纸剪出好看的花朵,并用透明胶带固定在吸管的一端,将吸管插在旁边的泡沫纸盒里备用。
3. 用印花机在彩色卡纸上刻出不同的花朵,并在花朵上贴上数字。

🌀 **用途与玩法**

能在贴上数字的瓶子里插进相应点数的花朵。

🌀 **温馨提示**

可以根据幼儿的年龄特点,提供相应数字和物品的操作材料。

蝴蝶找花

ᠿ 设计意图
理解 10 以内数的守恒概念,即物体的数量不会因外形、大小、排列顺序等不同而不同。

ᠿ 材料准备
各色卡纸、彩带、记号笔、双面胶、打孔机。

ᠿ 制作步骤
1. 用各色卡纸制作成花和蝴蝶的形状,用蓝色卡纸卷成纸棒,并用双面胶贴在花朵背面作花茎,在蝴蝶翅膀两端用打孔机打孔并穿上彩带。
2. 用记号笔在蝴蝶和花上画上数量不同的点。

ᠿ 用途与玩法
根据蝴蝶身上点数寻找有着相同点数的花朵做朋友,练习数的对应。

ᠿ 温馨提示
所有的材料可以经过塑封后再使用,以便保存。

彩色的花

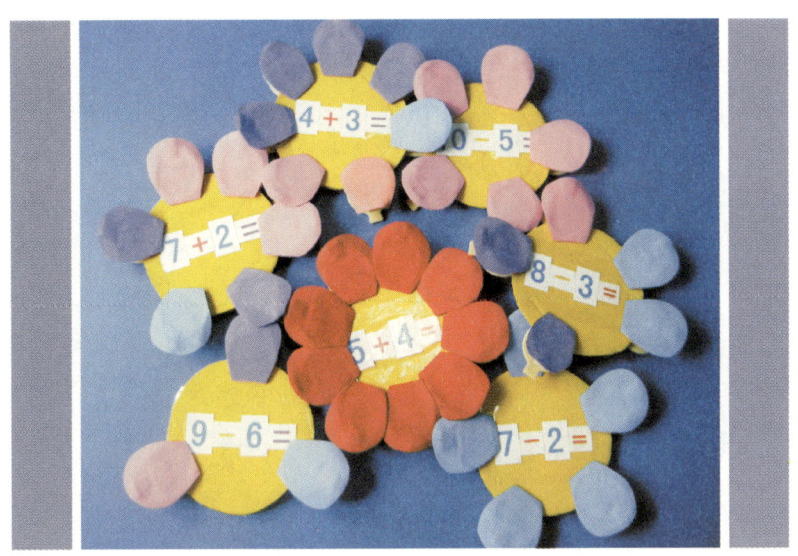

🌿 **设计意图**

通过游戏,学习10以内的加减法。

🌿 **材料准备**

软泡纸、塑料板、10以内数字的加减算式、透明胶带、剪刀、刀片。

🌿 **制作步骤**

1. 用刀片将塑料板裁成圆形做花心,用透明胶带在花心上贴上10以内数字的加减算式。
2. 用剪刀将软泡纸剪出若干花瓣,贴在花心上。

🌿 **用途与玩法**

幼儿先算出花心上面加减算式的得数,然后根据得数在花心上贴上相应数量的花瓣。

🌿 **温馨提示**

游戏时,可引导幼儿将算式正确地朗读出来。

划小船

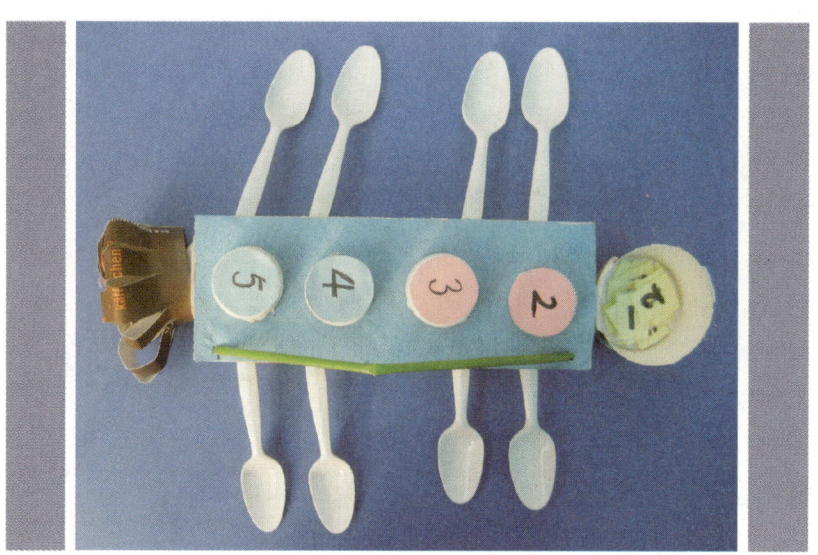

❦ 设计意图

能够积极地参与数学游戏活动,初步感知 5 以内的数的组成与分解。

❦ 材料准备

废旧纸盒、卡纸、裁纸刀、双面胶、白色塑料勺子、瓶盖、泡沫胶、纸杯、方形数字卡片。

❦ 制作步骤

1. 将废旧纸盒用彩色的卡纸进行包装做成小船,在对称的两侧用剪刀各挖 4 个孔,并将白色塑料勺子分别插在孔里,做成船桨。
2. 将瓶盖用泡沫胶均匀地粘在纸盒上,并在瓶盖上分别用双面胶贴上标有 2、3、4、5 的圆形数字卡片。
3. 用裁纸刀将纸杯的上半部分截去,用泡沫胶固定在长纸盒的一端。将方形数字卡片放在纸杯里供幼儿取放。

❦ 用途与玩法

根据瓶盖上的数字在纸杯里找到相应的组成与分解的数字卡片,并正确操作。

❦ 温馨提示

可以两两合作进行游戏。

计算魔筒

🌀 **设计意图**

正确使用"＋""－""＝"运算符号，通过游戏，熟练进行10以内加减法的计算。

🌀 **材料准备**

薯片桶、卡纸、双面胶、记号笔、油画棒。

🌀 **制作步骤**

1. 将彩色卡纸包裹在薯片桶的四周。
2. 用不同颜色的卡纸按照薯片桶的宽度分成5份，裁成5根长条。将长条围成圆圈（比薯片桶略粗一点），固定在薯片桶上（以能转动为宜）。
3. 按照算式的顺序在5根长条上分别写数字、符号，在薯片桶两端简单地用记号笔装饰一下。

🌀 **用途与玩法**

通过旋转"魔筒"上的彩环进行10以内的加减法计算。

🌀 **温馨提示**

此"魔筒"也可作为亲子游戏玩具，幼儿按照薯片桶上的提示念出算式，并算出答数，由家长检验算式的对错。

花儿朵朵开

↳ 设计意图

玩分合游戏,巩固5以内数的组成与分解知识。

↳ 材料准备

彩色卡纸、记号笔、双面胶。

↳ 制作步骤

1. 在粉色卡纸上画五瓣花并裁剪下来。再在黄色卡纸上画圆形花蕊,并写上数字,将组合好的花蕊贴于花中央。
2. 在绿色卡纸上画茎叶并将其裁剪下来,并制成茎叶底板。
3. 裁剪出与茎叶底板相匹配的绿叶若干套,将其粘贴在茎叶底板并写上数字(1~9)。

↳ 用途与玩法

幼儿动手操作,能准确地找到组成花蕊数字的两片数字绿叶卡,巩固已学过的数的分合知识。

↳ 温馨提示

花蕊中心的数字和绿叶数字卡片都可根据孩子的能力调整大小和数量。

模式排序

　　排序是指将两个以上的物体按照某种特征上的差异或一定的规则（如红、黄、红、黄）排列成序，是儿童早期数学认知能力发展的内容之一。对于幼儿来说，模式排序是一项比较具有挑战性的数学活动，因为他们需要找出事物之间的联系，即我们所称的"规律"。在日常生活中，幼儿会经常接触到不少有规律排列的物体，如花坛里的花、地上的砖等，教师应积极加以引导，帮助幼儿加深对事物规律的认识。这将有助于幼儿判断推理能力的发展。

糖果穿新衣

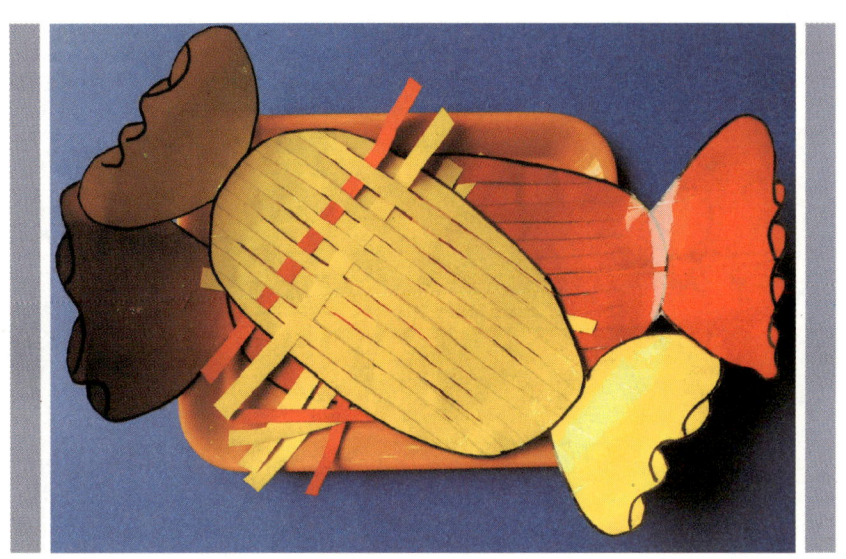

※ **设计意图**

　　能够按照一定的规律进行编织游戏,增强手部肌肉的灵活性。

※ **材料准备**

　　彩色卡纸、记号笔、剪刀、美工刀、透明胶带。

※ **制作步骤**

　　1. 在彩色卡纸上画糖果的形状并用剪刀沿边剪下。

　　2. 将糖果用胶带塑封后,再使用美工刀划成距离均等的平行线若干。

　　3. 在红、黄两色卡纸上剪出若干宽度相等的纸条供幼儿操作。

※ **用途与玩法**

　　能够将长纸条按照红黄交替的顺序进行编织。

※ **温馨提示**

　　编织的方法有很多种,可以为孩子提供一些图示,引导幼儿按照图示上的方法进行花样编织,也可鼓励幼儿按照自己的想法创意编织。

火车嘟嘟嘟

🔖 设计意图

通过手工操作感受物体排序的形式美。

🔖 材料准备

硬纸板、各色卡纸、记号笔、油画棒、剪刀。

🔖 制作步骤

1. 在硬纸板上画出火车的形状,用油画棒将其涂色后再用剪刀沿边剪下。
2. 用各色卡纸制作成某种动物、植物或水果的图片。
3. 按一定的顺序进行有规律的排序,可根据实际情况增减难度。

🔖 用途与玩法

能够将物体按照一定的规律(如苹果、蘑菇、苹果、蘑菇等果蔬类)进行排序。

🔖 温馨提示

动植物的图片如果能从杂志上剪下来并过塑,则使用会更加方便;小班幼儿在进行排序时一定要提供两组以上的排序任务卡;为大班幼儿提供更加丰富的物体卡片,并让他们尝试自定义排序。

铺小路

❧ **设计意图**

通过活动,仔细观察并发现排序的规律。

❧ **材料准备**

白色卡纸、各种彩色卡纸、剪刀、记号笔。

❧ **制作步骤**

1. 用白色卡纸制作出如图所示的背景图。
2. 分别用蓝色和橙色卡纸制作成大小相同的正方形卡片,作为地砖。
3. 事先在背景图上粘贴好排序有规律的几块地砖,作为示范。

❧ **用途及玩法**

根据背景图上的提示将小路铺完整。

❧ **温馨提示**

可以提供不同形状及花色的卡纸用来做铺小路的砖块,以加大游戏难度。

手拉手

❧ 设计意图
通过细致观察,发现题卡的排序规律,并能够按照规律继续进行排序。

❧ 材料准备
软泡纸、卡纸、塑料托盘、剪刀、双面胶。

❧ 制作步骤
1. 用剪刀将软泡纸剪成大小、高矮、胖瘦不同的小人若干,放在塑料托盘里备用。
2. 将白色卡纸剪成长方形操作卡。
3. 按照一定规律,事先摆放 3~4 个小人在长方形操作卡上,并用双面胶固定好。

❧ 用途与玩法
能根据卡片上的提示,有规律地摆放小人。

❧ 温馨提示
操作卡尽量准备得长一些,以便于幼儿练习。

种 花

🌱 **设计意图**

能够按一定的规律进行排序。

🌱 **材料准备**

塑料板、彩色卡纸、印花机、过塑机、包装纸、双面胶、小刀。

🌱 **制作步骤**

1. 将塑料板裁成长方形操作卡,并用包装纸包装好。
2. 用印花机在彩色卡纸上打印出各种颜色的郁金香,并用过塑机过塑。
3. 按照一定的规律事先摆好3~4朵郁金香模型,再用双面胶固定好。

🌱 **用途与玩法**

能够根据郁金香的颜色排序,有规律地摆放。

🌱 **温馨提示**

可以用印花机打印出不同颜色的花朵,以加大游戏难度。

楼房排队

设计意图
通过活动,能将物体按照同一种特征进行正排序或逆排序。

材料准备
废旧纸盒盖、小纸盒、白色包装纸、软泡纸、记号笔、即时贴、剪刀。

制作步骤
1. 将废旧纸盒盖用包装纸包装一下,作为底板。
2. 将小纸盒用白色包装纸包装好,并用记号笔在上面画出楼房的形状。
3. 用软泡纸做成高矮不同的大树。

用途与玩法
能够将楼房按照从高到矮或从矮到高的顺序进行排列,将大树按照从粗到细或从细到粗的顺序进行排列。

温馨提示
背景底板上需画上箭头标记,设置起点,引导幼儿按照箭头所示的方向依次排列物体。

娃娃比高矮

✿ **设计意图**

能分辨纸筒的高矮顺序并正确地进行正、逆排序。

✿ **材料准备**

废旧的卷纸筒、即时贴、剪刀、粉色彩纸、毛线、胶水。

✿ **制作步骤**

1. 在5个高矮不同的卷纸筒外包裹即时贴,并在一端剪出对称的两道小口。
2. 用粉色的彩纸、毛线做出娃娃的笑脸和头发,将头发粘贴在娃娃的笑脸上。
3. 将娃娃笑脸插在包装好的高矮不同的卷纸筒上。
4. 依照纸筒高矮的不同制作相应大小不同的鞋子。

✿ **用途与玩法**

根据娃娃高矮的排列顺序找出鞋子大小的排列顺序。

✿ **温馨提示**

除了鞋子,还可以设计娃娃的衣服、食物等能比较大小的物体卡片,供幼儿操作。

坐火车

❀ 设计意图
　　通过活动,能够按照物体特征的排序提示,独立完成排序练习。

❀ 材料准备
　　塑料板、小刀、即时贴、各色卡纸、小雪花插片若干。

❀ 制作步骤
　　1. 将塑料板裁成大小适中的长方形,并贴上即时贴,用作底板。
　　2. 用各色卡纸做出小火车的火车头、车厢、车轮,将它们用即时贴粘贴组合好,并在火车头尾部贴上一条即时贴。
　　3. 在条形即时贴上用雪花插片固定排序(按大小或颜色),供幼儿参考。
　　4. 能力强的幼儿可以自行设定排序规律。

❀ 用途与玩法
　　能根据规律将雪花插片摆在小火车上进行排序练习。

❀ 温馨提示
　　可根据材料的特点(大小、颜色、形状等)拍成照片题卡,并提示幼儿如何操作。

套猫咪咪

✤ **设计意图**

能够发现小猫排列的规律性。

✤ **材料准备**

各色卡纸、记号笔。

✤ **制作步骤**

1. 用不同颜色的卡纸折成大小不同的立体小猫,然后依次排列。
2. 用记号笔画出小猫的眼睛、鼻子和表情。

✤ **用途与玩法**

根据从小到大或从大到小的排列顺序将多个小猫叠套在一起。

✤ **温馨提示**

仿照俄罗斯套娃制作玩具,可以提供实物让幼儿欣赏套娃的装饰色彩和方法,幼儿可以自己动手画出套猫咪咪的表情和花纹。

小蛇转盘

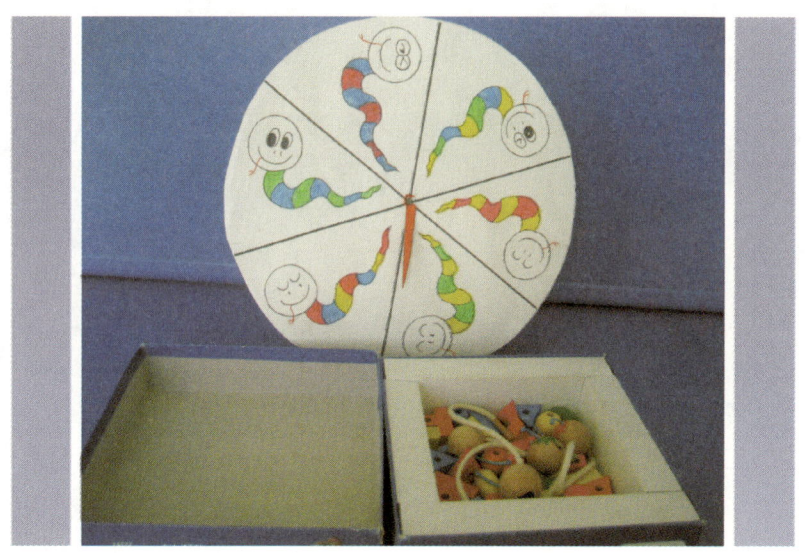

🍃 **设计意图**

能够按照颜色的规律排序,耐心地完成操作卡上提示的任务。

🍃 **材料准备**

硬纸板、白色卡纸、彩色卡纸、积木、蜡笔、台历、剪刀、记号笔、钉子、双面胶。

🍃 **制作步骤**

1. 用剪刀将硬纸板剪成圆形,用双面胶将白色卡纸贴在圆形纸板上,将其边缘剪去后,用记号笔将白色卡纸平均分成六份。
2. 用蜡笔和记号笔在白色卡纸每个小格子上画上小蛇图案(小蛇的身体由多种颜色组成)。
3. 用红色卡纸做成转盘指针,并用钉子穿到台历上。

🍃 **用途与玩法**

转动转盘,将指针指到相应位置的小蛇,按照其身体的颜色排序提示,串相应颜色的积木。

🍃 **温馨提示**

可以根据幼儿的年龄特点变换小蛇身上的提示卡(如颜色、形状、排序等),供幼儿操作。

认识几何图形

我们能看见的一切图形都是由点、线、面组成的，它具有普遍性和典型性。认识几何图形可以帮助幼儿辨别和区分各种各样的物体，初步感知图形之间的关系，培养幼儿思维的灵活性。

开心的鱼

设计意图
能观察出常见几何图形的特征。

材料准备
塑料板、小刀、即时贴、裁纸刀、剪刀、各色卡纸、小篮子。

制作步骤
1. 将塑料板裁剪成圆形、方形等不同形状的鱼,用即时贴对鱼进行装饰。
2. 用裁纸刀在鱼的身体部位划出若干条缝隙。
3. 将彩色卡纸剪成方形、圆形等不同的形状当作鱼鳞,集中放置在小篮子里。

用途与玩法
能够对不同形状的鱼鳞和鱼身的形状进行匹配装饰。

温馨提示
用裁纸刀在小鱼的身体上划缝时,需在小鱼的身体下面垫上硬纸板,避免划伤手指和桌子。

小丑的礼服

⇘ 设计意图
加深对各种图形的认识,能够快速完成相同图形之间的匹配。

⇘ 材料准备
硬纸板、彩色软泡纸、彩色卡纸、记号笔、胶水、过塑机、过塑纸。

⇘ 制作步骤
1. 用彩色卡纸和彩色软泡纸做出小丑的图案并贴在硬纸板上。
2. 在小丑的衣服上画出各种图形并挖空。
3. 将挖空出来的图形用过塑机过塑,并集中放置在小篮子里。

⇘ 用途与玩法
能将过塑好的图形卡片与小丑身上的镂空图形一一对应。

⇘ 温馨提示
若孩子对图形知识的认知程度较高,则可以将提供的图形换成彩色的。

图形记忆

◆ **设计意图**

熟悉各种图形的基本特征,通过回忆图形的排列顺序,训练记忆能力。

◆ **材料准备**

废旧的日历、即时贴、彩色卡纸。

◆ **制作步骤**

1. 将日历上的每一页都贴上大小相等的即时贴。
2. 用剪刀将各色卡纸剪成正方形、三角形、圆形等图形,然后将图形按一定的顺序依次贴在粘有即时贴的台历上。

◆ **用途与玩法**

幼儿能够依次读出图形名称,并将记下来的图形按照顺序在台历的另一面用操作材料完整地排列出来。

◆ **温馨提示**

可以通过增加图形的种类及数量等方法对每一页台历上的图形顺序进行随机变化,逐渐增加难度。

拼 拼 乐

◊ **设计意图**

通过观察,发现几何图形的组成规律及基本特征。

◊ **材料准备**

废旧纸盒、各种形状的积木若干、各色即时贴。

◊ **制作步骤**

1. 将废旧纸盒外部包上黄色的即时贴做底衬。
2. 用剪刀将不同颜色的即时贴剪成不同的形状,粘贴在包装好的盒子上,组成不同的图案。

◊ **用途与玩法**

按照纸盒上的图案找出相同形状的积木,并进行匹配活动。

◊ **温馨提示**

可由一名幼儿用积木匹配,另一名幼儿用积木拼搭造型,合作游戏。

彩图拼拼

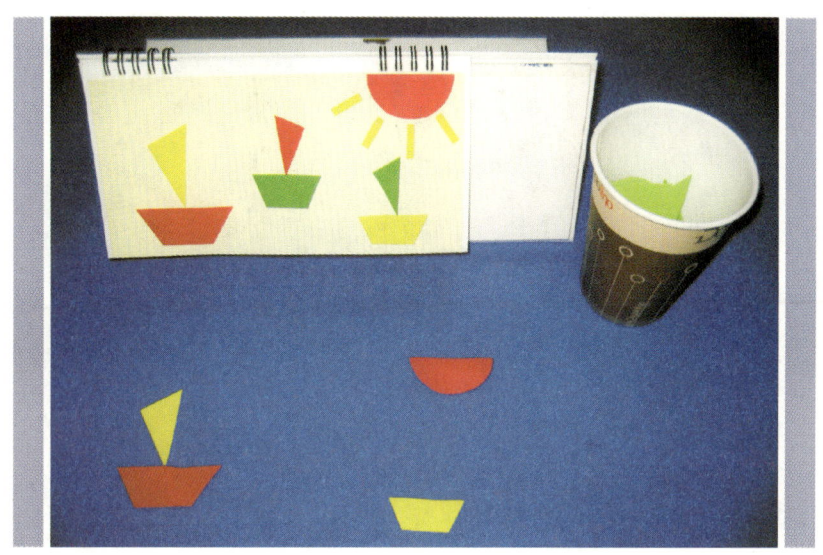

꙳ 设计意图

通过仔细观察,发现组合图形的特点,学会看图拼搭、组合图形。

꙳ 材料准备

彩纸、废旧台历、双面胶、剪刀、一次性纸杯。

꙳ 制作步骤

1. 用彩纸贴在废旧台历上做底衬。

2. 用剪刀将不同颜色的彩纸剪成不同的形状图片,放进一次性纸杯里备用。

3. 将不同颜色、不同形状的图片拼成一幅画,然后用双面胶粘贴在台历上。

꙳ 用途与玩法

先从纸杯里找出相应的图片,再进行拼图游戏。

꙳ 温馨提示

可将图形卡片塑封后使用,以免损坏。

量一量

🌱 **设计意图**

能在游戏中测量、比较长短和多少,知道测量方法的多样性。

🌱 **材料准备**

塑料板、即时贴、颜色、形状相同的瓶盖。

🌱 **制作步骤**

1. 用塑料板做底板,并用即时贴将底板包边。
2. 用即时贴剪出多种线条,如直线、波浪线、锯齿线等,将其粘贴在底板上。
3. 把颜色、形状相同的瓶盖顺着即时贴的方向排列并贴上。

🌱 **用途与玩法**

幼儿选用同一种测量材料排列在不同的线段上,通过点数材料的数量来比较线段的长短;也可以选择不同的材料测量同一条线段,通过点数哪种材料用得多或哪种材料用得少来进行比较,并做好记录。

🌱 **温馨提示**

瓶盖的种类很多,可以是废旧固体胶瓶盖,也可以是饮料瓶的瓶盖。同一种瓶盖的数量尽可能多一些,以方便幼儿比较。

时间与空间

时间与物质的运动相联系，具有流动性、连续性（周期性）、不可逆性、无直观性等。教幼儿初步认识时间，不仅有利于幼儿感知时间的存在，养成良好的生活习惯，还可以加深幼儿对次序关系的理解。空间是客观世界运动着的物质存在的基本形式。任何客观物体都存在于一定的空间之中，并且同周围的其他物体存在着空间上的相互位置关系。一般用上下、前后、左右来表示。幼儿初步辨认一些空间方位，有利于空间知觉的发展和提高处理日常生活的能力。

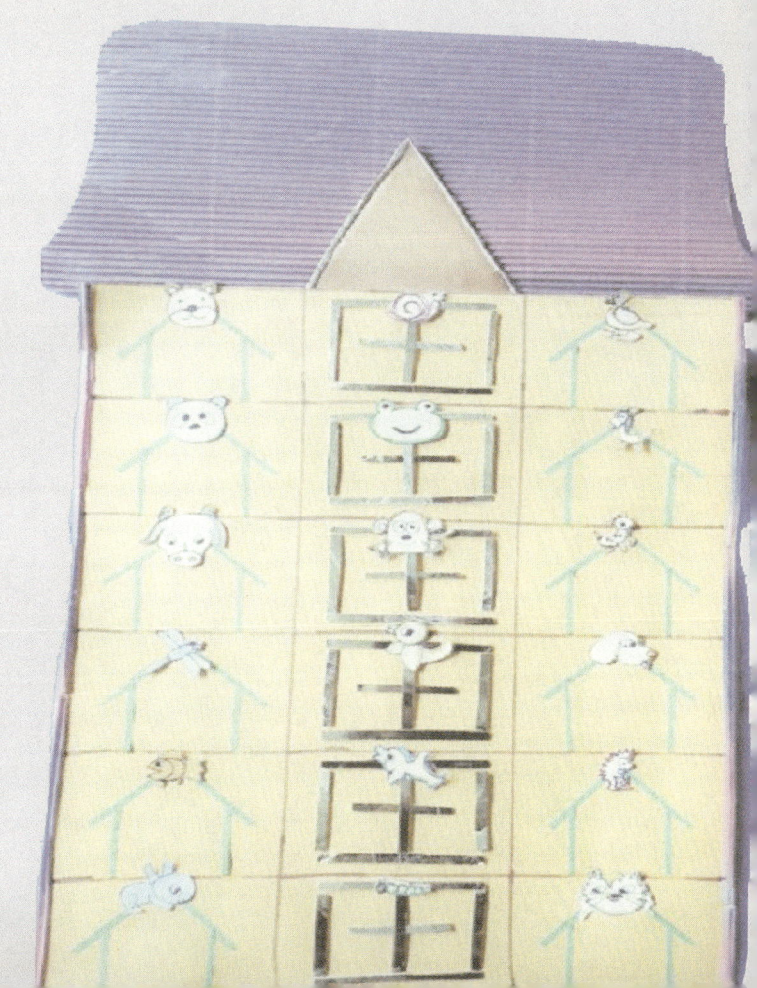

我的家在哪里

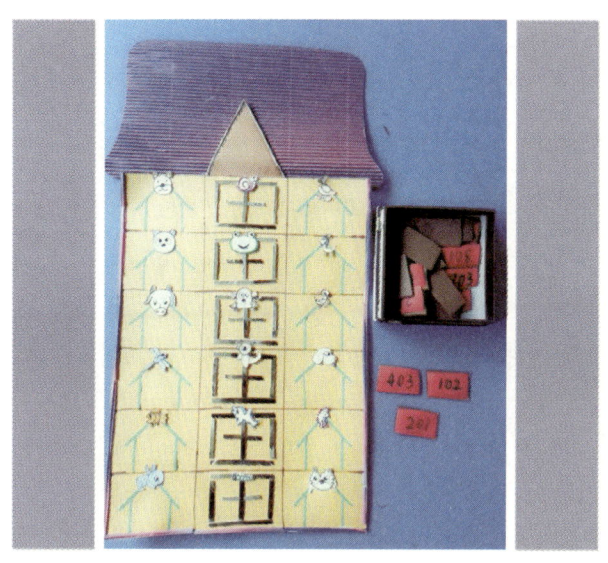

◆ **设计意图**

　　认识数的序列,能够大胆地运用数的序列来表达对物体空间方位的认识。

◆ **材料准备**

　　彩色卡纸、彩笔、直尺、泡沫胶、双面胶、剪刀、瓦楞纸、小纸盒。

◆ **制作步骤**

1. 拿出一张卡纸,用彩笔和直尺在彩色卡纸的上画出 6 行 3 列,18 个同样大小的长方形。
2. 在 18 个长方形内画出简易的小房子并进行装饰。用卡纸画出 18 种小动物的头像,并用剪刀剪下来贴在每个长方形房顶上方。
3. 用剪刀将瓦楞纸剪成梯形,做成房子的屋顶。将房子的屋顶和中间部分用固体胶固定起来,做成一间房子。
4. 取出另一张彩色卡纸,用剪刀剪成大小相等的小长方形若干,用彩笔在上面写上 101、102、201、202 等门牌号。将制作好的门牌号放置在旁边小盒子里面。

◆ **用途与玩法**

　　在制作好的大楼房布景图上面观察各个小动物的家在哪里,然后给每个小动物的家挂上一个门牌号。

◆ **温馨提示**

　　可以将"小房子"直接贴在幼儿园玩具柜子侧面供孩子操作,以节省空间。

近大远小

🌿 **设计意图**

通过观察照片感知近大远小的方位规律，能将物体按大小标记摆在适当的位置。

🌿 **材料准备**

照片、背景图、大小不同的动物图片、大小标记。

🌿 **制作步骤**

1. 把3名小朋友站在一起的照片和3名小朋友站得远近不同的照片放在一起，以便幼儿进行比较。
2. 将背景图过塑平放。（背景图如上图所示）
3. 把大小不同的动物卡片做成立体的卡片。

🌿 **用途与玩法**

根据近大远小的规律将不同大小的动物的卡片有序地摆放在背景图上。

🌿 **温馨提示**

提供的背景图要能体现一定的远近关系，以便于幼儿判断。

上下左右

◊ **设计意图**

能够积极思考,区别左右关系,发现以某客体为中心时,上、下、左、右的不同。

◊ **材料准备**

塑料板、小刀、即时贴、各种动物图片、卡纸、双面胶。

◊ **制作步骤**

1.将塑料板裁成正方形,用彩色卡纸进行简单包装后,将即时贴剪成小格子,贴在塑料板上。

2.在小格子中用双面胶贴上各种动物图片。

3.在卡纸上将动物摆放好,并贴上上、下、左、右图示。

◊ **用途与玩法**

能根据图板中动物的位置,找到正确的方位,知道上、下、左、右方位。

◊ **温馨提示**

动物图片和塑料板可以多准备几套,以便多人同时做游戏。

在哪里

✤ **设计意图**

能够正确判断两个物体之间的上下关系。

✤ **材料准备**

塑料板、彩色即时贴、彩色卡纸、人物形象图片、过塑机、过塑纸。

✤ **制作步骤**

1. 给塑料板包上彩色即时贴。
2. 用彩色卡纸制作出如图所示的两套物品(人物形象、动物卡片)。
3. 将其中一套卡片摆好,并固定,供幼儿参照。

✤ **用途与玩法**

幼儿根据参照图片,说出物体的具体位置,并摆放好。

✤ **温馨提示**

所有材料需塑封后再投放到区域中,以便于保存。

我问你答

❥ 设计意图
能够发现以自身为中心和以客体为中心的不同。

❥ 材料准备
泡沫板、即时贴、卡纸、过塑机、记号笔。

❥ 制作步骤
1. 用泡沫板制作正方形底板和围墙。
2. 用卡纸、记号笔制作小人、房子和若干小动物等,并进行过塑。
3. 用记号笔在底板上画出路线图和问号。

❥ 用途与玩法
引导幼儿按箭头指示的方向行进,并能正确说出物体的前后方位。

❥ 温馨提示
参照物的卡片要做得醒目,以便于幼儿参照判断。

综合活动

从幼儿感兴趣的活动材料和活动类型出发，将活动划分为不同的区域，在这里孩子是主角，他们可以扮演自己喜欢的角色，通过与环境、材料及同伴间的充分互动获得情感、认知及社会性等各方面的发展。

糖 果 屋

◊ 设计意图

积极参加"糖果屋"的游戏,感受角色游戏带来的快乐。

◊ 材料准备

废旧纸盒、硬纸板、彩色卡纸、各类废旧糖纸、包装纸、报纸、毛根、透明胶带、橡皮泥、PVC水管、毛巾、吸管、蝴蝶结。

◊ 制作步骤

1. 将几个废旧纸盒拼在一起,呈长方形,并在两边用PVC水管支撑,用硬纸板及红色卡纸做成屋顶,盖在PVC水管上。
2. 将包装纸裁成大小合适的纸块,把报纸搓成球后放进包装纸中,两头用毛根拧紧并扎住,做成糖果的样子。
3. 将泡沫纸裁成长条形,由中心卷起成圆形并固定住,然后粘贴上吸管装饰成棒棒糖。
4. 使用模具将橡皮泥做成各式各样的糖果形状,并装进自制糖果袋中。
5. 将毛巾卷成螺旋状,固定成棒棒糖的形状,再粘上吸管,贴上蝴蝶结。

◊ 用途与玩法

在游戏中运用扭、搓的方法制作出不同形状、样式的糖果,在买卖糖果的游戏过程中能与同伴使用礼貌用语。

◊ 温馨提示

在PVC水管和屋顶交界处,要用透明胶带将PVC水管接口连接,以形成三角支撑架,固定屋顶(如果有废旧货架,可以直接用来装饰成糖果屋)。

果蔬店

↬ 设计意图

在果蔬店的情境中进行角色表演,感受角色游戏带来的快乐。

↬ 材料准备

铅笔、彩色泡沫纸、棉花、针、线、纸盒、纸箱、剪刀、双面胶、订书机。

↬ 制作步骤

1. 用铅笔在各色泡沫纸上画出果蔬(如西红柿、茄子、菠萝、桃子、南瓜、萝卜、白菜、香蕉、柠檬等)的图案,用剪刀裁剪成大小一样的果蔬图片。将两个相同的果蔬软泡图片相叠在四周,用订书机订上,留一个小口往里面填充棉花,最后用针线缝上封口,再将订书针取下。
2. 用绿色泡沫纸裁剪出宽约 1 厘米,长约 13 厘米的长条。将长条的末端用双面胶固定,制作韭菜,把 10 个长条作为一组粘贴在一起。
3. 用纸盒将各类果蔬分类摆放在一起。

↬ 用途与玩法

幼儿扮演果蔬店的工作人员,给顾客介绍水果和蔬菜。

↬ 温馨提示

果蔬制作时,在果蔬填充了棉花之后,边缘要用针、线缝制,并将事先用于固定的订书针取下,以免幼儿在玩耍时弄伤手指。

娃 娃 家

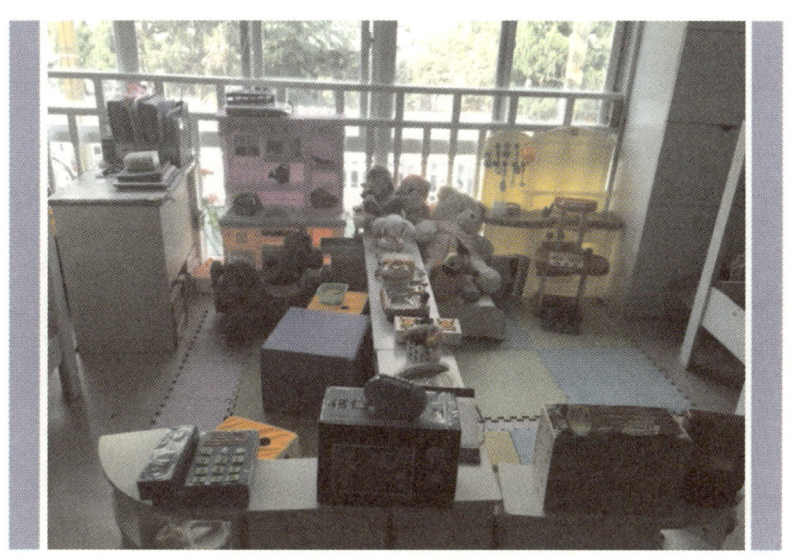

🌱 **设计意图**

通过角色扮演游戏,学会与同伴友好合作。

🌱 **材料准备**

矮柜、家具、毛绒玩具、地垫。

🌱 **制作步骤**

1. 将八个矮柜竖着摆放成 T 字形。
2. 用地垫填充两边的娃娃家,使其显得更温馨、更舒服。
3. 在娃娃家里放一些洗漱、烧饭等生活用品。

🌱 **用途与玩法**

幼儿分别扮演爸爸、妈妈和小孩,在一起烧饭,招待客人。

🌱 **温馨提示**

可根据幼儿的意愿来布置娃娃家。

津津美食城

◊ **设计意图**

通过角色扮演,在为别人服务的过程中学会使用礼貌用语。

◊ **材料准备**

废旧纸盒、PVC 水管、硬纸板、彩色卡纸、食品篮、美食、圆纸筒。

◊ **制作步骤**

1. 将几个废旧纸盒拼粘在一起,并在两边用 PVC 水管支撑,用硬纸板和彩色卡纸做成屋顶,盖在 PVC 水管上,作为售货棚。
2. 将正方形的纸盒横着摆放并粘贴在一起,并用圆纸筒粘贴在纸盒的底部当作收银台。
3. 将三个小桌子并排摆放当作货架,在货架上摆满食品并放在收银台的两边。

◊ **用途与玩法**

1. 请幼儿分别扮成收银员和服务员,为客人们准备食物。
2. 客人们要遵守美食城的规则。

◊ **温馨提示**

可以在旁边设置价目表,供客人选择。

海贝贝足浴室

🌀 **设计意图**

能与同伴友好相处,活动时能与同伴分工合作。

🌀 **材料准备**

小篮子、小板凳、柜子、泡沫海绵、游泳圈、卡纸、花瓣、泡沫纸。

🌀 **制作步骤**

1. 用泡沫海绵制作出各种美味小吃、水果,然后摆放在柜子里面,将柜子摆放(如图所示)好后,再将游泳圈放置在显眼位置。
2. 将小篮子装饰一下制作成足浴盆,并将板凳放在其旁边。
3. 用卡纸、泡沫纸制作成挂牌,并将其挂在后方。

🌀 **用途与玩法**

可以在足浴盆里加入花瓣或海绵代替洗脚水,幼儿可以边足疗边享受美食。

🌀 **温馨提示**

此区域可再添置一些有趣的东西(如音乐播放器等),供小客人玩耍放松。

小 医 院

❦ **设计意图**

通过角色扮演游戏,了解小医院的分工。

❦ **材料准备**

塑料储藏柜、木制小方柜、塑料迷你沙发、拐柜、吊水架、医务用品。

❦ **制作步骤**

1. 将木制小方柜组成 2 个长柜,并用布铺好组成 2 张病床。
2. 按储藏柜、沙发、床的顺序依次摆放。
3. 在拐柜上放满药品,和吊水架一起放置在小医院的中间。
4. 将医务药品摆放在适宜的位置。

❦ **用途与玩法**

幼儿扮演小医院里的护士和医生,给病人看病。

❦ **温馨提示**

1. 为了安全考虑,不宜摆放过于细小尖锐的东西,需要预先把吊水管针头取出。
2. 可以在矮柜外贴上用塑料板做成的小医院挂牌。

T型舞台

🌿 **设计意图**

　　能清楚地说出自己喜欢的儿歌,并愿意在同伴们面前表演。

🌿 **材料准备**

　　废旧纸盒、地垫、干花、纸盒、表演服装和道具、即时贴、木制小矮柜。

🌿 **制作步骤**

　　1. 在木制小矮柜里放满表演服装及道具并摆放成倒 L 字形。

　　2. 将地垫当作 T 台竖着摆放在正中央后,将干花竖着摆在 T 台的地垫内侧,使其更美观。

　　3. 用即时贴将废旧纸盒包装成音响、表演台和话筒,使其更形象。

🌿 **用途与玩法**

　　1. 让一部分幼儿自己选择道具和服装,按照顺序依次去表演。

　　2. 其他幼儿可以搬板凳坐在旁边观看表演。

🌿 **温馨提示**

　　由于场地不大,幼儿不宜多,以免造成混乱。

后 记

　　幼儿园区域活动也称"幼儿园区角活动",它是让幼儿在教师准备的环境中进行自由、自主和自选的活动。幼儿园区域活动开展的前提是有一个特定的"有准备的环境",区域活动材料必不可少。皮亚杰指出:"儿童的智慧源于材料。"幼儿的自主探究和学习主要是通过材料来表现的。区域材料越丰富多样,幼儿在区域活动过程中就会越积极、自信、大胆。教师在制作区域活动材料时,需要考虑活动材料的适用性、方便性、安全性和环保性。教师可以利用生活中很多成本低、可塑性强的废旧物品,带领幼儿进行巧妙改进,制作成为有趣的操作材料。这样既能大大增强区域活动的趣味性,又能体现低碳、环保的健康理念。

　　本书收集了大量的区域活动材料。这些活动材料操作简单且各具特色,能满足不同幼儿的发展需要,使幼儿尽情尽兴地"研究"他们的世界。同时,在区域活动材料的制作及投放过程中,我们添加了许多能体现社会发展且贴近生活的元素,以体现区域活动的时代气息,使区域活动更加生活化、趣味化。另外,我们还提供了部分幼儿自己制作的标识牌,如区域挂牌、创意墙饰等,供广大幼教教师在创设区域活动时参考。在本书的编写过程中,王兰兰、刘怡、卢沛、钟鸣、宣以菁、翟伟伟、王蓉、董姗姗、韦佳佳、关靖芸、郑晨辰、魏晓庆、王玲、黄滕、严梦婷、刘烨、李平、史孔银、张晓梅、张欣欣、朱瑶、杨慧、许亚丽、赵曼绯、王河清、郑梦蕾、陈婷婷、汪天也、余海霞、柯炳霞、许淑侠等老师为本书提供了丰富的有创意的案例和有益的材料。

宗　珣

2016年4月